Die schönsten Worte

# ÜBER
# DIE LIEBE

*von*

## Joachim Ringelnatz

Pattloch

# INHALT

# ES WAREN
# ZWEI MOLEKÜLE

*Amouröse Begegnungen*

## ES WAREN ZWEI MOLEKÜLE

Es waren zwei Moleküle.
Die saßen auf einer Mühle
Und sahen zu, wie das Mühlrad trieb,
Und waren zufrieden und hatten sich lieb.
Und keiner, keiner wusste darum,
Als nur ein Mann, der Adressen schrieb.

## LIEBESMÄRCHEN

Ein männlicher Briefmark erlebte
Was Schönes, bevor er klebte.
Er war von einer Prinzessin beleckt.
Da war die Liebe in ihm erweckt.

Er wollte sie wiederküssen,
Da hat er verreisen müssen.
So liebte er sie vergebens.
Das ist die Tragik des Lebens!

## ENTOMOLOGISCHE LIEBE

Ein Käfer, den ich kenne,
Die Goldhenne,
Spritzt einen üblen Saft.
Ich habe mir eine Betthenne –
Nein, Bettpfanne angeschafft.

Nur zur eigenen Benützung,
Nicht etwa zur Unterstützung
Dieses Käfers, der bei Tag und Nacht
Neben meinem Krankenlager steht
Und sich freut, wenn es mir nass ergeht.

Eingefangen in ein Glasgebäude
Lebt er. Ich verstehe seine Freude.
Wenn er nie in Freiheit bei mir sitzt,
So doch nur, weil er so übel spritzt.

Doch nachdem ich nun seit sieben Wochen
Ihm durchs Glas so freundlich zugesprochen,
Weiß er schon, dass ich ihn Goldfink nenne.

Wir sind Schicksalskameraden.
Demnächst will ich meine Goldhenne
Zu Bettpfannkuchen einladen.

## PASSANTIN

So schöner Wuchs! So schöne Haut!
So schöne Hände, schöne Haare.
Ganz Frauenanmut. – Und für wen gebaut?
Und für wie viele Jahre?

Aus Worten, Augen streichelt mich ein Geist,
Der mir gefällt und heimlich schön verspricht.
Für mich so schön, vielleicht für andre nicht. –
Was nützt es mir, da es vorüberreist.

Und nützt mir doch, kann meine Phantasie
Versagtes in Konvexes übertragen. –

Die Wolke, die dich labt, du fängst sie nie;
Sie hört dich nicht und du kannst ihr nichts sagen.

## SCHÖNE FRAU GING VORBEI

*Eine Falte in deinem Kleid*
*Hat wie eine Woge geschaukelt,*
*Hat Träume mir vorgegaukelt:*
*Wie schön ihr seid, wie ihr seid.*

*Einer Woge glich diese Falte,*
*Von deinem Atem aufgewühlt.*
*Und trotzig hat diese kalte*
*Welle dein warmes Fleisch umspült.*

*Es glätten keine Bedenken solch*
*Bezaubernd wogende Faltung.*
*Ich ging an dir vorbei, wie ein Strolch*
*An einer städtischen Verwaltung.*

## TANGO

Denn nur zu zweit

Und dann ganz zu zweit allein

Kann ein Geheimnis

Ewig Geheimnis sein.

Fühlst du wie ich,

O dann ist's getreu verwahrt,

Dann war auch Liebe dahinter,

Liebe ist still und zart.

Denn nur zu zweit

Und dann ganz zu zweit allein

Kann ein Geheimnis

Ewig Geheimnis sein.

Nur eine leise Melodie,
Der alte Jugendtraum,
Jenes Märchen von Er und Sie.

Du, an die ich jetzt denke, vergiss es nie!
Du, an die – Erinnerst du wann und wie?
Nie vergessen sei dieses Gedicht,
Jene Nacht. – Doch erzähl es nicht!
Du, an die ich jetzt denke, vergiss es nie.
Melodie – nur Melodie.

## ICH TANZTE MIT IHR

Als Reiter die Steppe durchjagen –
Wandern in Schritten, ersungen aus gleichem Gefühl,
Oder mit Kühnheit gespannt den Wagen
Lenkend durch Gefahren und Straßengewühl –
Mit der Schaukel hinauf und hernieder,
Treibend im Boote über die Wellen gewiegt,
Mit dem Schlitten zu Tal. Und dann wieder
Auf, wie die Möwe dem Winde entgegen fliegt.

Und das alles allzumal
Genossen wir tanzend im Saal.
In uns kreiste das Blut und der Wein,
Um uns ein Fest mit Wänden und Händen,
Gesichtern, Lichtern und Gegenständen.
Wir standen in dem Ringelreihn
Eigentlich ganz allein,
Ein Mensch aus zwein.

## SEEPFERD

Heißt du Lies'chen? Heißt du Lottchen?
Heißt du Kätchen, schönes Schottchen?
Ach, ganz einerlei!
Flinkes Seepferd, schmuckes Schottchen –
Hottehü und hütehottchen –
Schwimmt sie froh herbei.

# MEIN HARMLOS LIED

In einem Untertässchen
Voll Schnee und Rosenlikör
Erwachte das kleine Prinzesschen.

Noch ganz verschlafen und ohne Gehör
Gewahrte sie mit Erröten
Auf ihren niedlichen Brüsten
Sechsundvierzig breite Warzenkröten,
Die sich gegenseitig auf den Podex küssten.
Und schrie, als sie sowas erblickte:
»Pfui Keks!« Woran sie erstickte.

Und nun ist in jeder Zeitung zu lesen:
Sie sei ein großer Schweinigel gewesen.

# SPÄTES GLÜCK

Ein Nagel saß in einem Stück Holz.

Der war auf seine Gattin sehr stolz.

Die trug eine goldene Haube

Und war eine Messingschraube.

Sie war etwas locker und etwas verschraubt,

Sowohl in der Liebe, als auch überhaupt.

Sie liebte ein Häkchen und traf sich mit ihm

In einem Astloch. Sie wurden intim.

Kurz, eines Tages entfernten sie sich

Und ließen den armen Nagel im Stich

Der arme Nagel bog sich vor Schmerz.

Noch niemals hatte sein eisernes Herz

So bittere Leiden gekostet.

Bald war er beinah verrostet.

Da aber kehrte sein früheres Glück,
Die alte Schraube, wieder zurück.
Sie glänzte übers ganze Gesicht.
Ja, alte Liebe, die rostet nicht!

## FALTERLIEBE

*Falterliebe,*
*die der Wind vernichtet,*
*Manchen Müden*
*hast Du aufgerichtet.*

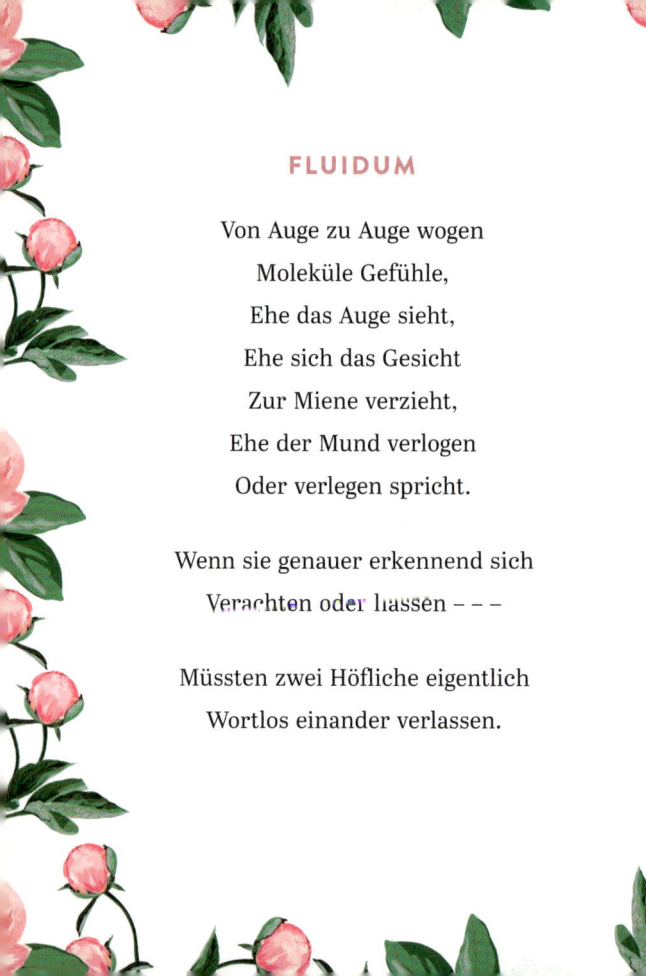

### FLUIDUM

Von Auge zu Auge wogen
Moleküle Gefühle,
Ehe das Auge sieht,
Ehe sich das Gesicht
Zur Miene verzieht,
Ehe der Mund verlogen
Oder verlegen spricht.

Wenn sie genauer erkennend sich
Verachten oder hassen – – –

Müssten zwei Höfliche eigentlich
Wortlos einander verlassen.

Aber wenn jene zarten Fluiden

Kampfredlich oder in Frieden

Im Begegnen

Einander segnen – – –


Ist es denn irgendwie schlimm,

Wenn zwei Menschen, die sich leiden

Können, ohne Wort, ohne Nimm

Und ohne Gib

Bald wieder vonander scheiden?

»Den oder die habe ich lieb.«

## STRASSENERLEBNISSE

Mir ist wieder manches begegnet.

Es hat Bindfaden geregnet.

Das Wasser bepinkelte Straßen und Gassen,

Und ein verregneter Sprengwagenlenker

Fluchte den Regenmacher zum Henker.

Das sollte ein Sprengwagenlenker

Doch lieber unterlassen.

Vor einer grüngekleideten Maid
Blieb ich begeistert stehn.
Sie sagte: Ich möchte weitergehn.
Das tat ich.
Ob Mann, ob Frau, im grünen Kleid
Sind beide stets sympathisch.
Im zweiten Fall war ich sehr kühl,
Denn ich entscheide nach Gefühl,
Und mit einer Frau mit konkaven
Popo
Geh ich nun einmal nicht schlafen,
No, no!

## NAHM MICH MIT
## IN IHREM AUTO

Pfirsich-rauh
War diese Frau – –

Sind wir so nach Jahren,
Schwatzend in Erinnerung,
Sie am Steuer, ich im Schwung,
Völlig falsch gefahren.

Autofahrt, die Fahrgeld spart
Und mich doch – zu rasch – dorthin,
Wohin ich musste, brachte –

Ob ich wohl ein Esel bin,
Weil ich zu dem Pfirsich-rauh
Weniger tat als dachte!?!

➤➤➤

# DER RECHTE ZAUBERTRANK

*Lockungen der Liebe*

# LOCKRUF

Komm auf die Leiter, Luise,
Zeig deinen schönen Trikot.
Was ich sonst an dir genieße,
Das, liebes Kind: sowieso.

Vom steilem Ufer hernieder
Seh ich zwar gern, wie du schwimmst,
Doch nur dafür, dass du wieder
Endlich das Ufer erklimmst.

Komm doch! Erlaub mir ein Küss'chen,
Sei es auch nur auf die Hand.
Venus, geliebtes Venüs'chen,
Steige doch bitte an Land!

## BUSSEL

Nimm ein dickes Bussel,
Du Feigling, der Du Dir das Küssen
immer nur schriftlich getraust,
im mündlichen Verkehr
aber diesbezüglich spröde
wie ein Fisch bist.

### WUNSCH

Wir flechten uns Lauben aus Ranken und Rosen
Auf taufrischen Wiesen zum Küssen, zum Kosen.
Dort wollen wir wandeln, wir ganz allein.
Dort wollen wir König und Königin sein.

# BEGEGNUNG

So viele schöne Pfirsiche sind,
In die niemand beißt.

Die Gier kann auch ein verschämtes Kind
Sein. Was du nicht weißt.
Ohne Lüge kann ich mancherlei
Dir sagen, klänge dir wie Gold.

Doch zeigte ich mein Wahrstes ganz frei,
Wärest du mir nicht mehr hold.

Mädchen versäume dich nicht
Und hüte dich vor List!
Ich aber träume dich.
Wie du gar nicht bist.

# FREIÜBUNGEN

Wenn eine Frau in uns Begierden weckt
Und diese Frau hat schon ihr Herz vergeben,
Dann (Arme vorwärts streckt!)
Dann ist es ratsam, dass man sich versteckt.
Denn später (langsam auf den Fersen heben!)
Denn später wird uns ein Gefühl umschweben,
Das von Familiensinn und guten Eltern zeugt.
(Arme – beugt!)
Denn was die Frau an einem Manne reizt,
(Hüften fest – Beine spreizt! – Grundstellung)
Ist Ehrbarkeit. Nur die hat wahren Wert,
Auch auf die Dauer (Ganze Abteilung, kehrt!).
Das ist von beiden Teilen der begehrtste,
Von dem man sagt: (Rumpfbeuge)
Das ist der allerwertste.

## UNENDLICHE WONNEN

ICH HABE AN DEINER BRÜSTE ALTAR
DIE NACHT BEI DIR DURCHSONNEN.
ICH TRÄUMTE UNENDLICHE WONNEN
IM ZAUBERDUFTE AUS DEINEM HAAR.

## WAS WILLST DU VON MIR?

Möchtest du meine Frau werden,
Da meine Haare schon grau werden,
Schon größtenteils sind?
Möchtest du über mich lachen?
Soll ich dir Freude machen?
Oder ein Kind?

Willst du die Peitsche spüren?

Soll ich dich ausführen?

Brauchst du Geld oder einen Rat?

Willst du nur mit mir spielen?

Oder gefielen oder missfielen

Dir Taten, die ich tat?

Warum bist du so still?

Soll ich dich beklagen?

Sag doch einmal: »Ich will ......«

Oder sonst ein deutliches Wort. –

Soll ich dich verjagen?

Ja. Geh zu!

Nein! – Du!

Bitte, bitte, geh nicht fort!

### AN GABRIELE B.

Schenk mir dein Herz für vierzehn Tage,
Du weit ausschreitendes Giraffenkind,
Auf dass ich ehrlich und wie in den Wind
Dir Gutes und Verliebtes sage.

Als ich dich sah, du lange Gabriele,
Hat mich ein Loch in deinem Strumpf gerührt,
Und ohne dass du's weißt, hat meine Seele
Durch dieses Loch sich bei dir eingeführt.
Verjag sie nicht und sage: »Ja!«
Es war so schön, als ich dich sah.

### KÜSSE

*Und ich küsse Dir die Hosenspitzen*
*und die Fingerspitzen und lehne*
*meinen Kopf an Dich und will Dir etwas*
*Schönes erzählen, und wir haben*
*ein gutes heiliges Buch vor uns.*

## DREISTE BLICKE

Über die Knie
Unter ein Röckchen zu schaun – –
Wenn sie doch das und die
Haben, die schönen Fraun!

Über einen öffnenden Saum
In Täler zwischen Brüstchen
Darf Blick wie stiller Traum
Stürzen sein Lüstchen.

Sollen doch Frauen auch
So blicken, – nicht schielen –
Wenn Arm, Popo und Bauch
In Fältchen spielen.

Nimm, was der Blick dir gibt,

Sei es, was es sei.

Bevor sich das selber liebt,

Ist's schon vorbei.

## EIN LIEBESNACHT-WÖRTCHEN

*Ja – – ja! – – ja!! – – ja!!! – –*

*Du hast so süße Höschen.*

*Nun sind wir allein. Und es ist Nacht.*

*Ach hätte ich dir doch ein Röschen*

*Mitgebracht.*

## WUPPER-WIPPCHEN

Als in Elberfeld wir in der Schwebebahn
Runter auf das Wupperwasser sahn
Und dann plötzlich unsre Blicke hoben
Gen einander ins Gesicht,
Hätten wir uns eigentlich verloben
Können. – Doch wir taten's nicht.
Weil man manchmal in der Schwebe Schweigen
Vorzieht. Um bald wieder auszusteigen.

## PYJAMA

Mein Zimmer hier führt mit seinen
fast immer offenen Türen auf eine lange,
nach rechts und links gehende, offene Veranda.
Hier liegen Hunderte der schönsten Frauen.
Ich bin in der Frauen-Abteilung und bin dort
der einzige Mann. Du kannst Dir denken, was
das für Arbeit erfordert! Ist es da ein Wunder,
wenn ich nur 103 Pfunde wiege? Was aber,
liebe Asta, wird auf dieser Veranda geschehen,
wenn ich morgen in Deinem morgenprinzlichen
Pyjama erscheine?! Nein, dieser Pyjama ist
wirklich bezaubernd. Ich wollte bloß, Du hättest
Deine Beine darin gelassen, obwohl mir auch
Dein Oberkörper sehr sympathisch ist.

## GNÄDIGE FRAU,
## BITTE TRÖSTEN SIE MICH

Gnädige Frau, bitte trösten Sie mich
Über mein inneres Grau.
Das ist kein Scharwenz um ein Liebedich. –
Gnädige Frau, seien Sie gnädige Frau.

Mein Herz ward arm, meine Nacht ist schwer,
Und ich kann den Weg nicht mehr finden. –
Was ich erbitte, bemüht Sie nicht mehr,
Als wenn Sie ein Sträußchen binden

Es kann ein Streicheln von euch, ein Hauch
Tausend drohende Klingen verbiegen.

Gnädige Frau,
Euer Himmel ist blau!

Ich friere. Es ist so lange kein Rauch
Aus meinem Schornstein gestiegen.

## DER RECHTE ZAUBERTRANK

Wie schade, dass wir neulich nicht allein waren,
dass ich Dich nicht umarmt und geküsst habe,
wie schade, dass ich nicht in Dein helles
unzerstörbares Glas süße, schwärzeste Sünde
gegossen habe. Denn mich dünkt, das wäre
der rechte Zaubertrank für Dich. Nur müsstest
Du Dich einmal fest aufs Einzelne entschließen,
nicht schwanken und neutral spielen.

# ICH HABE DICH SO LIEB

*Galante Bekundungen*

## TREUESCHWUR

Swiethart! Manilahaariges Kitty-Anny-Pipi –

Oder wie du heißt –

Bulldog aheu!

Bei Jesus Chreist

Ich war – seit Konstantinopel – dir immer treu.

## GLEICHGESINNTE

Ob ich Dich ein Bissel lieb habe?
Ja, ein sehr großes Bissel
mein lieber Erdwühler und
mich freut's, dass Du auch mir
gleichgesinnt bist.

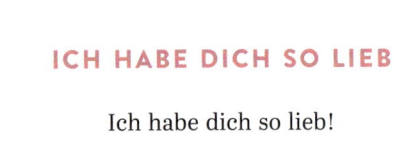

## ICH HABE DICH SO LIEB

Ich habe dich so lieb!
Ich würde dir ohne Bedenken
Eine Kachel aus meinem Ofen
Schenken.

Ich habe dir nichts getan.
Nun ist mir traurig zu Mut.
An den Hängen der Eisenbahn
Leuchtet der Ginster so gut.

Vorbei – verjährt –
Doch nimmer vergessen.
Ich reise.
Alles, was lange währt,
Ist leise.

Die Zeit entstellt

Alle Lebewesen.

Ein Hund bellt.

Er kann nicht lesen.

Er kann nicht schreiben.

Wir können nicht bleiben.

Ich lache.

Die Löcher sind die Hauptsache

An einem Sieb.

Ich habe dich so lieb.

## GEDICHT IN BI-SPRACHE

Ibich habibebi dibich,
Lobittebi, sobi liebib.
Habist aubich dubi mibich
Liebib? Neibin, vebirgibib.

Nabih obidebir febirn,
Gobitt seibi dibir gubit.
Meibin Hebirz habit gebirn
Abin dibir gebirubiht.

## VIELSPRACHIG

Bon soir madame la lune! Et salu jusque
demain. Ibich habibebi liebieb, piep! And one
day more is finished. Remember me in Bln.
on the Thema Faschingszug-Basel-Panther.
Ichio binio wiederio vergnügto!
Asta la vista sine arruar! D. Paut. Ich ging
nachmittags in einen Film und merkte
dann bald, daß ich ihn schon kannte (ich ..),
hörte ihn nun aber französisch.

## MEINE ERSTE LIEBE?

Erste Liebe? Ach, ein Wüstling, dessen
Herz so wahllos ist wie meins, so weit,
Hat die erste Liebe längst vergessen,
Und ihn intressiert nur seine Zeit.

Meine letzte Liebe zu beschreiben,
Wäre just so leicht wie indiskret.
Außerdem? Wird sie die letzte bleiben,
Bis ihr Name in der »Woche« steht?

Meine Abenteuer in der Minne
Müssen sehr gedrängt gewesen sein.
Wenn ich auf das erste mich besinne,
Fällt mir immer noch ein frühres ein.

➤➤➤

## KOMM, SAGE MIR,
## WAS DU FÜR SORGEN HAST.

In eines Holzes Duft

Lebt fernes Land.

Gebirge schreiten durch die blaue Luft.

Ein Windhauch streicht wie Mutter deine Hand.

Und eine Speise schmeckt nach Kindersand.

Die Erde hat ein freundliches Gesicht,

So groß, dass man's von weitem nur erfasst.

Komm, sage mir, was du für Sorgen hast.

Reich willst du werden? – Warum bist du's nicht?

### GERADEWEGS

*Was in uns lebt, soll immer in uns leben,*
*Wenn's gut ist,*
*Was immer sich auch mag begeben*
*Und wie auch immer uns zumut ist.*

*Natürlich kommt's, dass wir zuweilen*
*Entgleisen.*
*Dann kann kein Eigensinn das heilen.*

*Doch schon mit einem versuchsweisen,*
*Reuigen Lächelchen*
*Flickst du*
*Das eingerissene Löchelchen*
*Wieder zu.*

## MEIN RICHTIGES HERZ

Sonntag morgens 9 Uhr.
In meiner Stube piepst eine Kanarie,
ticken zwei Uhren, nein drei Uhren,
schnarcht ein taubstummer Dachs,
duftet mein Kaffee, habe ich aber gar
keinen Esswillen, nur Lust nachzudenken
über meine Romanidee, und immer
entwischen meine Gedanken,
und wenn ich suche, wo finde ich sie?
»Mein richtiges Herz, das ist
anderwärts, anderswo.«

## DAS MILDE WORT

Mir ist, als bräch aus meinem Herz
Ein Strom durchglühter Lavafluten.
Ach wüsstest du, wie hinter Scherz
So oft die tiefsten Wunden bluten.

Wenn ich mit Lachen von dir schied,
Wie Blütengelb war das zerstäubt,
Und wilder klang das wilde Lied,
Das deine Heiterkeit betäubt.

Das wilde Lied klang fort und fort,
Und nichts von jenem Lachen blieb,
Bis ich es fand, das milde Wort.
Du sagtest einst: »Ich hab dich lieb!«

## AN M.

Der du meine Wege mit mir gehst,
Jede Laune meiner Wimper spürst,
Meine Schlechtigkeiten duldest und verstehst – –
Weißt du wohl, wie heiß du oft mich rührst?

Wenn ich tot bin, darfst du gar nicht trauern.
Meine Liebe wird mich überdauern
Und in fremden Kleidern dir begegnen
Und dich segnen.

Lebe, lache gut!
Mache deine Sache gut!

## VOR EINEM KLEID

Karo ist in deinem Kleid,
Eine ganze Masse
Karo-Asse.

Wieviel Karos ihr wohl seid
In dem Kleid? – Das Kleid ist nett.

Karos sind im armen Bett.

Nun ich habe nicht gezählt,
Wenn mich auch die Frage,
Wieviel es wohl sind, doch quält.
(Immer wieder seh' ich hin.)

Weil ich männlich bin,

Rock und Hose trage,

Passt solch Muster nicht für mich.

Karo ist zu munter.


Aber ich bestaune dich,

Fremdes Mädchen, hübsche Maid.

Karo ist in deinem Kleid.


Ist ein Coeur darunter?

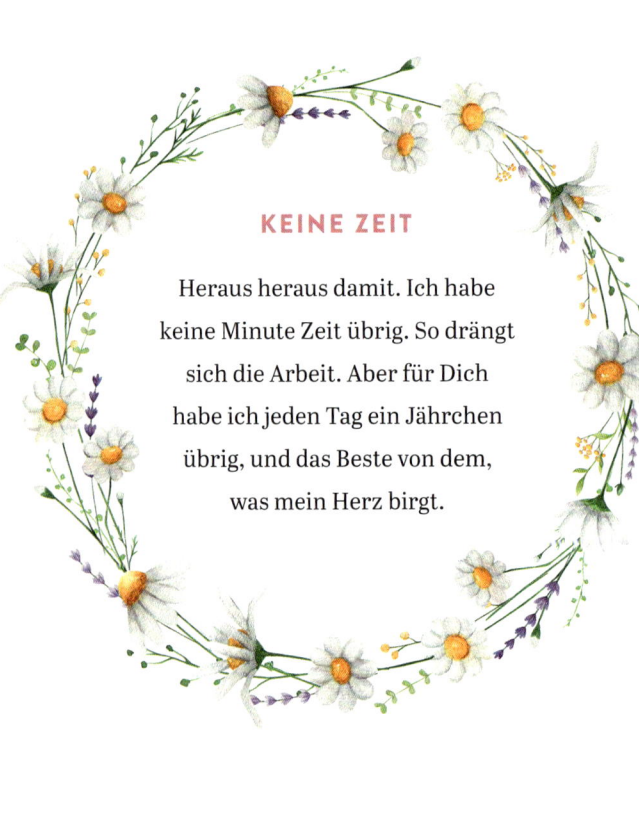

## KEINE ZEIT

Heraus heraus damit. Ich habe
keine Minute Zeit übrig. So drängt
sich die Arbeit. Aber für Dich
habe ich jeden Tag ein Jährchen
übrig, und das Beste von dem,
was mein Herz birgt.

## AN MUSCHELKALK

*(Zum 10. Hochzeitstag, 7. August 1930)*

*Wir lieben uns nun zehn Jahre,*
*Erst sehr,*
*Dann mehr und mehr.*
*Das Hesterberg bewahre*
*Uns das bis Lebensschluss.*
*Ich gebe Dir einen Kuss.*

## EIN LIEBESBRIEF

*(Dezember 1930)*

*Von allen Seiten drängt ein drohend Grau*
*Uns zu. Die Luft will uns vergehen.*
*Ich aber kann des Himmels Blau,*
*Kann alles Trübe sonnvergoldet sehen.*
*Weil ich dich liebe, dich, du frohe Frau.*

*Mag sein, dass sich*
*Vereinigt hat, uns breitzutreten.*
*Drei Rettungswege gibt's: zu beten,*
*Zu sterben und »Ich liebe dich!«*

*Und alle drei in gleicher Weise*
*Gewähren Ruhe, geben Mut.*
*Es ist wie holdes Sterben, wenn wir leise*
*Beten: »Ich liebe dich! Sei gut!«*

## LUST IM HERZEN

Ich habe Geld. Ich habe Appetit.
Ich bin gesund und hab die Lust im Herzen,
Mit meiner Frau ganz kindisch dumm zu scherzen,
Auch wenn die seriöse Welt zusieht.

## LEBE NICHT FLÜCHTIG

Muschelkalk, ich grüße Dich herzlich.
Lebe nicht flüchtig sondern tief
und durstig – und packe die flüchtigen
die seltenen ängstlichen Sekunden
der Glücksschmiedekunst – und –

# VON BETT ZU BETT

*Grüße aus der Ferne*

### GRUSS

ICH KÜSSE DICH

MIT WEITGEDACHTEM RÜSSEL

AUS DÜSSEL.

### GESANG

»Oh«, rief ein Glas Burgunder,

»Oh, Mond, du göttliches Wunder!

Du gießt aus silberner Schale

Das liebestaumelnde, fahle,

Trunkene Licht wie sengende Glut

Hin über das nachtigallige Land – –«


Da rief der Mond, indem er verschwand:

»Ich weiß! Ich weiß! Schon gut! Schon gut!«

## REISEABSCHIED VON DER FRAU

Nun wechselt mir die Welt,
Und andre Leute lenken
Mein Handeln und mein Denken.
Und ich bin einzeln hingestellt,
Bin frei und ohne Frau.

Wie schön! – So es vorübergeht!!
Weil wir einander so genau
Durchkennen und – –

Ein Wind, der weht,

Gewitter funkt,

Weil Neues Altes säubern muss.

Mein letztes Lebewohl, ein Kuss,

Ist nur, wie in der Schrift, ein Punkt.

Bestehendes,

Sei's Stein, braucht Fluss,

Braucht Wehendes.

## LIEBESBRIEF

So kann es nun nicht weitergehn!
Das, was besteht, muss bleiben.
Wenn wir uns wieder wiedersehn,
Muss irgendwas geschehn,
Was wir dann auf die Spitze treiben.
Was – was auf einer Spitze tut?
Gewiss nicht Plattitüden.
Denn was auf einer Spitze ruht,
Wird nicht so leicht ermüden.
Auf einer Bank im Grunowald
Zu zweit im Regen sitzen,
Ist blöd. Mut, Mädchen! Schreibe bald!
Dein Fritz! (Remember Spitzen.)

## GESCHENK VOM HIMMEL

Ach ich vermisse Dich ja auch so,
und alles Gute und Schöne, was mir begegnet,
genieße ich nur halb, weil Du mir fehlst.
Und doch ist auch das ein Geschenk
vom Himmel: Dass wir einander mit Sehnsucht
gedenken! Nimm auch das dankbar hin.

## TELEFONISCHER FERNGRUSS

Ich grüße dich durchs Telefon,
Guten Morgen, du Gutes!
Ich sauge deiner Stimme Ton
In die Wurzeln meines Mutes.

Ich küsse dich durch den langen Draht.
Du Meinziges, du Liebes!
Was ich dir – nahe – je Böses tat,
Aus der Ferne bitt ich: Vergib es!

Bist du gesund? – Gut? – Was? – Wieviel? –
Nimm's leicht! – Vertraue! – Und bleibe
Mir mein. – – Wir müssen dies Wellenspiel
Abbrechen – – Nein »dir« Dank! – – Ich schreibe! – –

## DER ENGEL

Als ich Hamburg verließ, die Stadt
der Seemannsfreuden, als ich von den alten
St. Pauli-Landungsbrücken ablegte und
mein Schiffchen in stürmischem grauen Wetter
wieder hinausführte zu mancher Sturm-
und Drangfahrt, da zog ich bald einen Brief
von Dir hervor, und wie ich die Worte las
»in Liebe Muschelkalk«, da ward mir so warm
ums Herz, und ich meinte Dich als einen
Engel neben mir zu sehen.

## VERSÖHNUNG

Es ließe sich alles versöhnen,
Wenn keine Rechenkunst es will.
In einer schönen,
Ganz neuen und scheuen
Stunde spricht ein Bereuen
So mutig still.

Es kann ein ergreifend Gedicht
Werden, das kurze Leben,
Wenn ein Vergeben
Aus Frömmigkeit schlicht
Sein Innerstes spricht.

Zwei Liebende auseinandergerissen:
Gut wollen und einfach sein!
Wenn beide das wissen,
Kann ihr Dach wieder sein Dach sein
Und sein Kissen ihr Kissen.

## WENN ICH EIN VÖGLEIN WÄR

Wenn ich ein Vöglein wär –
Ja schön, aber kalt ist es hier
Und so lange getrennt zu sein
Erfrorenes Vögelein –
Flög ich zu dir.

## FERNGRUSS VON BETT ZU BETT

Wie ich bei dir gelegen
Habe im Bett, weißt du es noch?
Weißt du noch, wie verwegen
Die Lust uns stand? Und wie es roch?

Und all die seidenen Kissen
Gehörten deinem Mann.
Doch uns schlug kein Gewissen.
Gott weiß, wie redlich untreu
Man sein kann.

Was nie geschildert werden darf?

Heiß, frei, besoffen, fromm und scharf.

Weißt du, dass wir uns liebten?

Und noch lieben?

Man liebt nicht oft in solcher Weise.

Wie fühlvoll hat dein spitzer Hund bewacht.

Ja unser Glück war ganz und rasch und leise.

Nun bist du fern.

Gute Nacht.

### EHEBRIEF

Nun zeigt ein Brief, dass ich zu lange
Nicht sonderlich zu dir gewesen bin.
Ich nahm das Gute als Gewohntes hin.
Und ich vergaß, was ich verlange.

Verzeihe mir. – Ich weiß, dass fromme
Gedanken rauh gebettet werden müssen.
Ich danke jetzt. – Wenn ich nach Hause komme,
Will ich dich so wie vor zehn Jahren küssen.

## BRIEF IN DIE SOMMERFRISCHE

*Ich habe so Sehnsucht nach Dir.*
*Weil alles so gut steht*
*Auf unserem Gemüsebeet.*
*Und Du bist in England. Nicht hier*
*Bei mir.*
*Frau heißt auf Englisch »wife«;*
*Muss man, um das zu lernen,*
*Sich so weit und so lange entfernen?*

## POSTKARTE

Sonjalein, Sonjalein,

In der fernen Stadt.

Jetzt beim Wein denk ich Dein.

Vor mir frisst ein Nimmersatt,

Der schon viel gefressen hat,

Weiter Schwein für Schwein.

Ich bin ganz allein.

Sonjalein, Sonjalieb,

Sonja, Sonjaleinchen,

Um bescheidenes Vogelpien

Kümmert sich kein Schweinchen.

### LIEBESZETTEL

*In Eile – Du! Du!!! – Am Donnerstag*
*Wie letztmals, himmlisch dasselbe!!!*
*(Nur bitte – wenn es sich fügen mag –*
*Diesmal wieder das gelbe -!!!)*

**MIX**
Papier aus verantwor-
tungsvollen Quellen
**FSC® C043106**

FSC
www.fsc.org

© 2022 Pattloch Verlag
Ein Imprint der Verlagsgruppe
Droemer Knaur GmbH & Co. KG, München

Gesamtgestaltung und Satz: Christina Krutz, Biebesheim am Rhein
Umschlagillustration und Bilder im Innenteil: Shutterstock.com
Gesamtherstellung: Grafisches Centrum Cuno GmbH & Co. KG, Calbe

Printed in Germany

ISBN 978-3-629-00425-3

www.pattloch.de

2 4 5 3 1